Fragiles

catch 43 脆弱
(*Fragiles*)

文字：菲立普‧德朗 (Philippe Delerm)
繪圖：瑪汀‧德朗 (Martine Delerm)
譯者：尉遲秀
封面題字：謝富智
責任編輯：韓秀玫
美術編輯：何萍萍
法律顧問：全理法律事務所董安丹律師
出版者：大塊文化出版股份有限公司
台北市 105南京東路四段25號11樓
www.locuspublishing.com
讀者服務專線：0800-006689
TEL：(02) 87123898　FAX：(02) 87123897
郵撥帳號：18955675　戶名：大塊文化出版股份有限公司
版權所有‧翻印必究

總經銷：大和書報圖書股份有限公司　地址：台北縣三重市大智路139號
TEL：(02) 29818089（代表號）　FAX：(02) 29883028　29813049
製版：源耕印刷事業有限公司
初版一刷：2002年 8 月
初版三刷：2003年 1 月
ISBN 986-7975-41-3
CIP 191
定價：新台幣199元
Printed in Taiwan

眠翁

Phillipe Delerm◎著
Martine Delerm◎繪

時間

如果時間的曲線完完全全順著地球的弧度走，那
就沒有任何事情會有變化，也沒有什麼事情值得
期待了。不過，有一道邊界，這片小小的空地改
變了一切……這兒的空間語言裡沒有秒針，滴滴
答答成了心跳咚咚咚咚。小孩可以來到這空地，
祕密還在那兒，依然完好無缺。

最高處的光亮，來自清瑩的目光。沒有什麼能讓
人遠離——他方是此岸的國度。一個圈圈獻給土
星，再來一個，獻給不知名的行星，最美麗的，
最純淨的。要接近天空，不必長得太高——可是
得記住圈圈的遊戲，記得寂靜。一個個清澈的圈
圈，投向遼遠的無名之地。毋需疑慮，不用理
解。凝望，凝─望──

旅行

不管到哪裡，我們都帶著自己。離開，卻不願去
他方。離開，為了找尋自己。在寂靜之中，在宇
宙之中。直到低過時間，直到超越痛苦。離開而
不遺忘。為了在更高處瞭望，為了裝作任風吹拂
擺盪。為了給那條連結著我們的細繩創造意義。

勇氣

每天還沒睜開眼睛的時候。工作已經在那裡了，
日復一日，清清楚楚的。這麼微不足道，這麼頻
繁。長長久久以來，噢，這麼長久以來似乎沒有
任何改變。我得盯著地上。黎明正在某處準備降
臨。

是目光創造了世界。

夢想

時間的泡泡，輕盈的水滴。才輕輕一吹，水滴就
裝滿祕密，一個一個，飛了起來。才輕輕一吹，
憂鬱就隨風出去遠行。再高一點點，邊界不見
了，再遠一點點。痛苦在太空裡變得好溫馴。地
球變成一顆泡泡，泡泡變成一顆地球。

解除魔咒

有些日子，南瓜就只是南瓜。

遲疑

換我玩了。還沒有人知道。我不想再移位,不想
再改變。為什麼一定要選擇?為什麼一定得做點
什麼?萬事萬物看來如此單純。我還沒有任何東
西可以跟我分離。而且影子伸長了,退後又有何
用?再過一會兒,我就只屬於世界的半邊。換我
玩了。

分離

我以為我給自己帶來光明，給你帶來暗影，現在
影子更長了，我知道，那是因為夜幕垂臨。過去
的斷層如此熟悉：不再分開，不再靠近。我們等
待的，是不是相同的綠光？

這憂鬱到來，深深地。事物從來不曾看似如此靠近，如此美好，如此容易品味。光，從來不曾到達如此絕對的平靜。我們可不是真的愚笨。這樣的安詳，是因為我們正要將它拋棄。這般的靜止，是因為我們就要起身，就要飛奔而去。可以懊悔的事，會有那麼那麼多。令人害怕的，是這世界如此寧靜，深深地。

幾張扯下來的書頁，風兒吹過，一陣自由的氣
息。

自由

單獨而不孤獨。既是島嶼又是心繫島嶼的船筏。
抓住空間而不移動，停下時間而不停止前行。開
心、失望、開心、燃燒、凝結。守住童年。閱
讀。

幸福

我不是走鋼絲的特技演員。我一步一步往前走。
我對日子一無所知，我在繩索上滑行，遠處，我
看不見。向下張望，我會頭暈，我不看。我每走
一步都有危險，而我繼續前行，我是溫順的。每
一次的危險，都有幸福在那兒。我向我自己前
進；繩索沒有盡頭。

我來不是因為偶然。這麼多的東西繫著我，束著我，這麼多的聲音伴著我，在寂靜之外，在與我交談之後。可我拉著我的鏈子，可我依舊前行，可我發現這條路沒人走過。

開始

結束

出去有什麼用呢？我走到哪兒都帶著自己；不管到哪兒我都給自己造個陰影。而且，我這樣很好，我知道自己的限制，縮起來，一如往昔。我凝望。世界穿越我，或者說，是我包含這個世界。有個人跟我一樣在等著，不然我不會悲傷。有個人在等他自己。有個人在等我。別動，什麼都不要驚動。如果時光折磨我們太甚，新的一天就會來臨。

真相

她的雙胞胎姊妹總是在那兒。她們倆一起長大，
世界又是圓的。她們穿著一樣的衫裙。有一天，
雙胞胎姊妹認為她們有了改變。她們選了不同的
顏色。她們實在很怕彼此太過相像，於是，她們
不想再看對方。

千萬別相信那上頭說的。他們想強加給我們的天氣,不是真實的生命。很好,他們搞錯了——別人的悲慘遭遇也不能給我們任何安慰。現在的情況剛好相反,在氣象和廣告之間,我們得假裝一同承擔這些災禍。在這些事上,我們永遠不可能同在一起。

憂傷

那我會活在這個為了對抗遺忘而畫的影子裡。

放肆

他們要我跟他們的想法一樣。所以他們留住了我
的倒影、我的鏈子、我所有不真實的過去。在他
們的靜默地冷冷的風中，我向上飛起。終於。

不在

人不在那兒，一點都沒有關係。擺著一張桌子面
對寂靜的海洋、墨水的海洋、紙張的海洋。一切
都如此強烈，夜抹去了，夜來了，我並不害怕。
我微傾著頭，只看著那張紙。字詞飛揚而你浮
現。人不在那兒，一點都沒有關係──一點點純
淨的時間，為了發想明天。

確信

這麼做很冒險，我們差點淹沒在裡頭，我們勉勉
強強游了點水。我們知道水是無窮無盡，我們永
遠無法讓所有暗流變得溫馴。那幽暗如此深邃，
為何要試著將這一切凝結？真相的冰雪在地面切
開、撕裂，微不足道。再過不久，冰雪的時節就
要過去。這是個屬於自我的冬季——確信。

我害怕有那麼一天，我不再害怕任何事。

認同

我不喜歡我問自己的這個問題。我只想去喜歡，
關於這問題的回應，如此而已。在諸多鏡子之
間，只有別人看得見我。於是我逃逸，我活著，
我覺得自由，我忘記自己。別人認得出我，卻不
知道我是誰。我回到鏡子前面。有幾次我以為我
知道自己是誰——可卻認不出自己。

回憶

皺皺的樹葉，乾乾的樹葉，事事物物不再連結。
少一點顏色，少一點香味，日日月月落入睡眠。
太陽依舊，朦朧在霧裡。加勒比海小島的夏日，
十一月緩緩的眼神，生命的樹葉無精打采地變成
一張張紙頁。

什麼都將不會再有，只剩一道肩膀的曲線。

友情

用被竊取的時刻的水，純淨的。祕密的水，猛烈
的；完全不重要的日子的水，平靜的，單純的。
沒有什麼可以給予，卻有全部失去的光陰、時間
的勇氣和受傷的夢。為了創造一個人，在寂靜的
另一端；為了一抹微笑的影子以及一片長長葉簇
的清新，這棵屬於甜美情誼的樹，在世界之心。

我們也沒辦法再多知道什麼了。有時我們以為自己裸著，有時以為自己是自由的，有時卻又失落。被抹去的蹤跡到哪兒去了？足印是否將消失無影？那兒是否曾經有一條路？路會在某個地方停下嗎？路會再走下去嗎？為什麼我們不能就此回頭？空氣這麼輕盈，我們卻什麼也沒學到。我們永遠走不到自我的終點，永遠走不到任何事情的終點。我們覺得疲憊，我們覺得自在。

耐心

只要撒下幾顆種籽，然後把它們交給時間。千萬
不要匆匆忙忙。沒什麼變化也不要擔心。跟寂靜
結為同盟，跟失去的歲月做個朋友。

信任

我們不知道自己在等待什麼。黑暗人生，玫瑰人
生，如此看待人生多麼容易。可生命不是日復一
日，生命不是一再重複。多少時間是浪費的？没
有。多少事情是確定的？零。如何破殼而出？脆
弱。

　　　　　　　　　　　　　·

Philippe Delerm

菲立普・德朗

得過法國書店文學獎、法國國家圖書館員獎、法國大固奇艾文學獎，以
及浮尼葉文學獎。

作品有：

La Sieste assassinée, L'Arpenteur-Gallimard

《被謀殺的午睡》

Le Portique, Le Rocher

《迷走幸福迴廊》

Il avait plu tout le dimanche, Mercure de France

《一直下雨的星期天》

La Première Gorgée de bière, L'Arpenteur-Gallimard

《第一口啤酒的滋味》

La Cinquième Saison, Le Rocher

《第五個季節》

Sundborn, Le Rocher

《桑本》

Le Bonheur (Tableaux et Bavardages), Le Rocher

《瞥見幸福的顏色》

Martine Delerm

瑪汀・德朗

2001年11月開始出版童書

Zoé, Seuil Jeunesse

《柔依》

Je m'appelle Alice, Ipomée-Albin Michel

《我叫做艾莉絲》

Origami, Ipomée-Albin Michel

《歐希迦米》

La Petite Fille incomplète, Ipomée

《不完美的小女孩》

Narcisse, texte de Jean Chalon, Ipomée

《納瑟斯》

Les Jardins de Camille, Ipomée

《卡蜜兒的花園》

法文版成書於2001年7月
中文版成書於
2002年8月